낯달의 기원

김형출 시집

문학의전당 시인선
151

낮달의 기원

김형출 시집

문학의전당

시인의 말

시에게 말한다.
"주인 잘못 만나 고생 많째?"
그 답인즉
"잘난 주인은 잘난 대로, 못난 주인은 못난 대로 사는기라요."
감격해서 눈물이 난다.
이젠 시를 버릴 수가 없다.
시 앞에 오체투지, 하심(下心)으로
시인(詩人) 되고자 한다.
신의 언어를 훔친 영혼의 사기꾼처럼

부끄럽고 두렵다.
단 한 사람이라도 시시(詩詩)한 나의 시 한 편 읽어준다면
나는 행복한 시인이 될 것이다.

2013년 4월
김형출

차례

시인의 말

제1부 골목의 하루

동백꽃 13
하루를 지피다 14
골목의 하루 15
밥알론 16
집을 꿈꾸며 18
색깔론 20
수상(手相) 22
은빛 나비 23
돌섬 24
수락산 기차 26
넥타이의 하루 30
감잣국 31
고추 32
위대한 용서 34
지구 껍질에 대하여 36
솟대 38

제2부 기왓장 경문

연밥 공양　41
밥알의 기원　42
태백의 발자국　44
미지의 잉걸불　46
그 남자의 방　48
어둠 안에 있다　49
기왓장 경문(經文)　50
소리소리 사이사이　52
여여(如如)하신가　54
낮달의 기원　55
회상몽　56
위대한 고백　58
망각을 남기다　60
불명(不明)　62

제3부 貧者의 책갈피

소리 파문   65
사랑의 문신   66
그 여자   67
구멍론   68
貧者의 책갈피   69
한 방울에 대하여   70
삭제의 변   71
자화상   72
꿈의 기원   77
단풍   78
토라진 벽   80
나를 읽는 눈, 나를 읽는 소리   82
눈물의 교향곡   84

제4부 서늘한 기억의 집

고향의 고향　87
서늘한 기억의 집　88
배꼽이다　90
느그 어무이　92
벌써, 라는 엊그제 한 말　94
그림자 속옷을 벗기다　96
녹색의 파문　97
슬픈 귀가　98
위안하다　100
산(山) 벗에게　101
이 좋은 날　104
내 영혼에 보내는 허튼소리　105
나를 수리 중입니다　106
얼음　108

해설 | 세 개의 자화상　109
　　　　 박옥춘(문학평론가)

제1부 골목의 하루

동백꽃

안에 감추어진 불더미
마구 꺾고 싶거든

재넘이 자국 짚고
숫눈에 떨어지는 몸엣것
사랑을 아는 꽃

바다 너머 해조음에 갇힌 긴 숨비소리
훔치고 싶거든

달팽이관에 물어보자 동박새야
빠알간 눈물 보았느냐고?
돌아올 사람 없는 빈자리에
꽃잎 주워 담고 홍조가 수줍은
솟대보다 겸손하고 장미보다 붉은 눈

하루를 지피다

눈떠 있음을 꼬집다
촉각의 한순간
아프지 않으면 죽은 것이다
촉각은 생의 집념처럼 옹골차다
하루 햇귀*에 불 지피고
습관처럼 살 태우는 궐련 한 대
망각처럼 사그라지는 초상이다
벙커시유 검은 파이프는 유독하다 못해
생을 지피고 태우고 흩어지는 연막이다
해체된 하루가 옹기종기 모여들고 소리소문없이
사그라져간다
중심을 잃지 않은 채 파란 바다를 지피고 덮는다
흰 포말을 말아 넣고 연소하는
마지막 한순간을 위하여

목구멍 안으로 하루가 사위어간다

---

* 해돋이 때 처음으로 비치는 빛.

골목의 하루

찬바람 휘어가는 골목길 거닐다
그림자가 누워 있고 어둠이 구겨진 비좁은 골목길
빛바랜 어둠이어서 좋다
망각하지 않아서 좋고 어슴푸레한 기억이라서 좋다
더더욱 좋은 것 하나는 하루를 말아둘 수 있어 좋다
지친 하루가 괭이 콧수염처럼 앙증맞아 좋고
미끈하게 빠진 전봇대는 높아서 좋다
그물 같은 전깃줄을 통과한 도시의 어둠들
어느새 골목은 속성을 물들이고 만다
조각난 불빛 아래
내 친구의 어림짐작 그림자 줍던 메케한 기억까지
서걱일 때
두 눈 부릅뜨고 그림자를 노려본다
새벽에 열리고 한밤중에 닫힌 하루의 군상들
뒤좇다 보면 내 안에 갇힌 잊어버린 골목이 그립다
숨은 허물들이 이를 드러내고
양심에 짓밟힌 구두창에 갇힌 너 그림자를 닦아내고
줄느런히 늘어선 하루가 나를 차버릴 테지요

밥알론

초여름, 나는 씨앗을 달고 상토에서 부화했다

물을 가둘 적마다 가볍게 일어나는 수압처럼
못자리가 일어섰다
바람 잘 날 없는 나날—
농가월령가를 옹알이며
땡볕 사이 바람 사이 양분 빨고 세월 엮어
농익고 여물어 가을이 왔다
자식농사 잘 지었다는 농부의 구릿빛 얼굴엔
땀방울 수북하다

밥알의 고마움을 생각하면 손발은 금방 저려온다
흙밥 한술 뜨다가 밥알이 아리다
밥알의 주인인 나는,
생을 구걸하는 변명처럼 한 톨 씹는다
허기가 비어 있다
꾸르륵 꾸르륵 밥상의 어머니 같은,
쫀득쫀득 쫄깃쫄깃 푸석푸석 으스러진 생의 씨앗

우주의 살점들, 복점 같은 밥알들
밥그릇 안에 가지런하다

농부의 온정을 살짝 으깨리라
보아라, 참을 수 없는 생명의 유지
알고 보면 밥심으로 차오르는
시의 내재율 같은 밥알
곤두서지 않게,

집을 꿈꾸며

나는 집을 짓고 있다
그대의 그대에 의한, 그대를 위한 집
마음과 마음 머물고, 마음과 마음 떠나는
비바람 부는 언덕 같은
지평과 수평의 어울림 같은
해일과 태풍이 몰아치는 바닷가 외딴 섬
산새들이 노래하는 봄비 같은 집
망가지고 무너지고 쓰러지고 빼앗긴 생의 보호막 같은
하늘과 땅, 마음과 마음이 서로 합쳐질 때
내 집은 비로소 지붕을 얻게 된다
그대를 향한 나의 꿈은 나를 지키고 지탱하기 위함이다
나는 그대를 꿈꾸고
그대는 나의 비밀스런 이미지를 가진
그대의 나지막하고 과묵한 몸짓과 숨결 하나하나
 엉겨 붙은 꿈은 널 사모했던 나의 집착처럼 오랫동안 기다렸다
 덧없이 흘러간 욕망의 시간 안에 확장된 내밀함
 이제는 멀리서 그것처럼 잊었던 기억 하나하나가 거기

에 머물며
　나는 그대의 이름을 부르며 그대를 기다리는 것이다
　하늘 지붕 하나 땅 기둥 하나 구름 하나 같은 것,
　지붕 없는 자유, 내 일 같지도 않은 집을 꿈꾸며

　나는 집을 짓고 있다
　그대의 그대에 의한, 그대를 위한 집
　마음과 마음 머물고, 마음과 마음 떠나는
　민들레 같은 집을 꿈꾸며,

색깔론

나는 세상을 까맣게만 보지 않는다
그렇다고 하얗게만 보지도 않는다
세상은 그리 호락호락하지 않기 때문이다
굴리고 셈하고 지금 궁리 중, 열리기 전
—보아라, 극과 극의 경이로운
본질까지 대립하는 희한한 눈
눈동자에 각인된 대립각
오르막과 내리막의 균형
지옥과 천당의 희비
하늘과 땅 차이
젊음과 늙음의 갈등
—이만하면 어떤가?
겨울나무의 옷 벗는 추위 같은 추리의 변
조건 없는 선명성은 아닐 터,
—이만하면 어떤가?
최소한의 배척까지 포함한 고유의 색깔론엔
고개를 끄덕인다마는,

나는 세상을 까맣게만 보지 않는다
그렇다고 세상을 하얗게만 보지도 않는다
세상은 그리 호락호락하지 않기 때문이다
굴리고 셈하고 지금 궁리 중,
열리기 전

수상(手相)

장(掌)을 펼친다
장 안에 얽히고설켜 숨어 보이는 꽃놀이패
저마다 혈과 기가 배어 나온다
점과 점으로 수놓은 선과 선의 행위는
당장은 득 볼 것이 없다 엉거주춤, 엉겨 붙은
문집을 본다
운명은 아직 거뜬하고 물컹하다
한 장의 격자와 또 한 장의 격자에 격자 사이에
수지침이 꽂혀 있다
숨 고르는 소리 맥박 뛰는 소리
울음소리 웃음소리조차도 버거워하는
주름진 생을 생각한다
뼛속까지 뒤숭숭하다
어젯밤 꿈에서도 장을 보았다
거친 체온을 감싼 피조물 같은
생의 온기 뜨끈하다
펼쳐놓은 장 안에 숨어 보이는 내 운명
소연히 드러나고야 만다

은빛 나비

내가 찾는 꿈이었나 봐
날고 싶어 훨훨
몸 사뿐히 내려앉은 나비 한 마리
어둠 속에서도 무섭지가 않나 봐
그만큼만 날고 싶어 훨훨
파란 바다 위를 날아도
어린 날갯짓이 무섭지도 않나 봐
내가 찾는 꿈 날개를 훔치는 것
내가 찾고 있는 꿈이었나 봐
날고 싶어 훨훨
꿈이 날아가도 무섭지 않나 봐
그만큼만 날고 싶어 훨훨
내가 찾는 꿈 날개를 접는 것
생목숨에 붙어 있는 나비 한 마리
그만큼만 날고 싶어 훨훨
세상이 무섭지도 않나 봐
내가 찾는 꿈은
날개를 만드는 것이었나 봐

돌섬

우리 사이 그 거리만큼
어두워도 밝아도 보이고
보이지 않아도 보이는 답답함이여!
철썩철썩 시퍼렇게 때려 쌓느냐?
무청 넘실대는 외로움 하나
동단 끄트머리 돌섬에 앉아
귀 쫑긋 세우고 초롱초롱 눈뜨고
그쪽 바라보면
철없이 까부는 소리 뒤죽박죽 들려온다.
'절마'가 까분다
까부는 절마에게
무지근하게 웃어주곤 하지
단단한 근육을 내보이며
돌섬 역사의 뿌리를 보여주지
까부는 '글마'에게도
우리 사이 그 거리만큼
어두워도 밝아도 보이고
보이지 않아도 보이는 답답함이여!

나의 뿌리 같은 돌섬아!
동해 파도 덩실덩실 춤출 때까지
기다려 —

수락산 기차

1
저기 좀 봐
산에 기차가 있다
내 말에
아내가 헛소리라며
제발 엉터리 시 좀 쓰지 말란다
저기 좀 봐
산에 기차가 보인다

2
수락산 오르면
꼬리가 긴 기차가 있지
산에서 소금을 캐듯
수락산 기차바위 기지창에 처음 와본 사람은
누구나 기차가 있음을 믿어야 하고
기차를 타고 즐거웠다는 말과
기차는 무섭지도 않았다는 말과
천둥 같은 기적소리도 없었다는 말과

짜릿한 현기증은 옹골찼다는 말까지
믿어야 한다
기차는 정신없이 달리지도 않았고
담쟁이처럼 손에 손잡고
아래위로 앞뒤로 오르락내리락했으니
금속 레일 대신
은빛 밧줄 하나 동여매고 천천히 50도 기울기로,
스쳐 지나가는 긴 연인 같았지
뱀처럼 긴 인연 기다리는 나는
일상의 쇳덩어리 가슴에서 털어내고
바람 같은 호기심으로 기차를 타봤지
손가락으로 눈을 가리고서도
공포의 호기심은 콩알처럼 보일 듯 말 듯
흥분하고 기차는 우주를 향해 산으로 달렸으니
기차는 연기가 없는 녹색이었지
산에서 기차를 타면
쌩쌩 기운이 돋아나고
산사람만이 느낄 수 있는 환희처럼

오늘도 수락산 기차는 바위에서 손님 기다린다.

3
말도 안 되는 기차를 타고 달리고 싶은
억눌린 힘, 숨 막히는 팽창
턱밑까지 차오르고
앞만 보고 달리다 보면 추억은 스쳐 지나가고
돌아올 때엔 레일 같은 길고 짧은 인연으로 다가온다
세월의 산증인처럼 기차는 역사를 싣고 달리지만
수락산 기차는 턱 끝까지 차오르도록 느리다
불쑥 솟는 너럭바위의 남근을 보았느냐?
산울림 너울대는 낯선 문명의 소리여!
역사의 질주여, 문명의 괴물이여!
거대한 음모에 증기를 뿜어대며 대를 잇는 긴 꼬리는
문명의 아버지다
남녀평등, 좁은 경계를 허물며
창공을 배회하는 송골매도 따르지 못하는 환희
하지만, 이제 절단되고 해체된 문명을 복원하기 위해

녹색의 부드러운 칼을 뽑아들어야 한다
역사를 가로질러 나는 새, 산으로 달리는 힘
멈추지 않고 바람처럼 달린다
꿈을 싣고,
산에도 기차가 있다
소풍 끝나는 날
나는 꽃 기차 타고 고향으로 갈 거다.

넥타이의 하루

수의 위에 하루가 목을 매고 있다

목밑*에 어긋나지 않게
하루가 견뎌낼 수 있게
헐겁거나 팽팽하거나 느슨하거나 하지 않게
새롭게 한몫 다짐하는 하루
허와 실을 묶고 있는 한 사내
목매고 거울을 본다
목을 죈다
사내의 목줄이 뱀처럼 꼬이기 시작할 때
빌딩 숲 넥타이 부대들의 목줄 타는 금연처럼
시간이 흩어진다
손목 발목까지 묶고 뛰어내리는 넥타이의 하루
목을 조이고 풀어놓는 그 사내
문고리의 자존심, 넥타이의 예의, 식솔의 눈물
서늘한 내 몫을 생각하면 목줄의 고마움을 안다
목덜미의 자존심 같은 하루가,

---

*가장 긴요한 시기 또는 가장 긴요한 고비를 바로 앞둔 때를 일컫는 순우리말

감잣국

엎질러진 감잣국이 생각나는 도톰한 저녁이다
대파 껍질 우려낸 어머니의 아릿한 손맛
해거름 노을처럼 어슷어슷 썰고
평상 밑으로 기어드는 해넘이 긴 하루를 배웅하며
반달 썰어 허기 담고
일렁이는 어머니의 흰 머리카락
연기처럼 샐쭉하다
토닥이는 잉걸불 희디흰 여름밤을 사위고
잔별들 소곤소곤 속삭임
찰랑찰랑 어둠이 모여드는 그곳,
반딧불은 포물선을 그리며 어둠을 유유히 날고 있다
구수하게 눈물 우려낸
어머니의 감잣국 맛에 스르르 잠들면
아롱아롱 깊어만 가는 여름밤의 물빛 추억
새벽이슬처럼 또렷하다
감잣국 안주에 술맛이 살찬 서러움은
아마, 어머니의 마른 허기일 터

고추

고추가 흥분된 파란 가을날이다
청낭자(靑娘子)* 노닐던 고추 사이 고추, 고추밭에
여자들이 팬티를 벗는다
고추 좋아했던 할머니 할아버지 아버지 어머니
언니 오빠 동생들까지 모두 좋아했다
소싯적 대문에 금줄 찬 빨간 고추 훔쳐본
우리 집 강아지도 고추, 빨갛게 나왔다
노을처럼 익어가는 흥분된 겹눈처럼
고추잠자리, 뱅뱅 날개를 퍼덕인다

고추가 사색하는 스산한 가을 저녁
아내가 빨갛게 열 받았다
'고추'라는 시 때문이다
모 월간지 11월호 청탁 원고로
"고추를 보내겠노라" 하니 기겁한다
어디 불량 시를,
이젠 내가 빨갛게 열 받는다
고추가 어때서 흥분돼 좋기만 하네,

엽록소가 빨갛게 물든 밤
고향에서 시집온 고추 다듬다가
손톱 끝 향수가 아려온다

---

* 잠자리목의 곤충을 통틀어 이르는 말

위대한 용서

1

밟히고 밟힌 상처만큼
산등선 밟고 산 오른다마는
왜 산을 밟습니까?
산을 왜 밟습니까?
산은 밟는 것이 아니라 밟히는 겁니다
산은 밟히는 것이 아니라 밟는 겁니다
곱씹어보면 산은 바보지요
바보는 세상이요 영혼입니다
영혼은 나무입니다
나무는 땅이요 사람입니다
사람은 먼지요 티끌입니다
티끌은 나입니다
나는 사라집니다

2

땅에 뿌리박은 우주의 중심인 뫼
지금도 하늘을 향해 솟아오르는 푸른 날갯짓

너덜겅*에 넘어지고 미끄러지며 먼지 속에 걸려 있고
가파른 벼룻길** 통과하면 지나온 삶이 아찔하다
하찮은 낙엽 부스러기도 밟히면 소리를 내고
지렁이도 밟히면 꿈틀대는데
산은 밟히고 밟혀도 의연하게 흙을 훌훌 털고
일어선다
세상사, 아프면 울기도 하고 웃기도 한다
자드락***에 하찮은 소리와 소리
몹시 후미져서 아프다
밟히고 밟히는 산 가죽 밟히는 소리
용서가 두텁다
그리운 그곳,

---

* 돌이 많이 깔린 비탈
** 아래가 강이나 바다로 통하는 벼랑길
*** 낮은 산기슭의 비탈진 땅

지구 껍질에 대하여

지난번 태백산 눈꽃 산행 때
산애미친(山愛美親) 인산인해(人山人海)는
각별했다.

사진 한 장 드러누워 보다가 지구를 걸어 봤다
내 발자국은 무언가가 끌리는 듯 붕붕 떠오르는
무언가가 있었다
지구가 둥글다는 것은
갈릴레이의 낡은 구두 뒤축을 훔쳐보고 알았던
진부한 얘기였다
지구본 보고 안 것은 지구 껍질에 대한 모욕이다
울퉁불퉁 솟고 패인 지구 껍질
무언가가 뽀얗게 쌓여 있다
걷는 기분은 어떨까?
수박 껍질 벗기듯 사각거릴까
썰매 타듯 미끄러울까
지구본을 앞에 두고 깔짝깔짝 굴러본다
빙글빙글 붕붕 걷고 있다

알프스 산을 넘어 벌써 북극이다
태양은 둥글게 바다로 기운다
지구 껍질 걷는 재미가 쏠쏠하다
남극 대륙쯤 걸을 때
스마트폰에 기사 하나가 떴다
50년 만에 지구 껍질을 뚫고
맨틀의 조직검사를 할 거라는 소문이다
지구가 우주를 떠날 거라는 괴기한 뜬소문이 돌고
팽이가 돌고 돌아 나는 자주 정신을 잃었다
그러면 지구의 기원과 역사도 빙글빙글 돌겠지
지구 껍질을 소유하며 지구 껍질에 대하여
나는 고로 생각한다

솟대

나목(裸木)에 묶인 세월
소리 없이 오가고 오가는데
솟대는 아직 늙지 않았다
하늘과 땅 둥글게 하나로 모아
시로 그려놓은 풍경 사이 풍경
솟대의 긴 바람을 본다
아직 여기 우두커니 서 있지만
멀리 보이기 위해서가 아니야
가까이 땅을 짚고 하늘을 우러러
하염없이 서 있는 것은 짧은 인연
긴 숙명이야
푸드덕푸드덕 새의 날갯짓
퍼덕이는 생의 긴 바람을 본다
아직 여기 우두커니 서 있지만
멀리 보이기 위해서가 아니야
새처럼 날고 싶은 바람이야
솟대처럼 서 있고 싶은 기다림이야
목이 긴 그리움 하나,

제2부 기왓장 경문

연밥 공양

산문(山門)에 들 때마다
공평을 생각하게 된다
부처님의 자비, 사랑, 평화
공평하다고 하던가?
믿을 만한가?
부처의 가르침은 유행 타지 않는가?
; 이런저런 선문에
합장하고 시주함을 본다
부처도 물질로 공덕을 베푸는 건 아니겠지 하고
보시의 공(空)한 부처님 말씀
부처는 부처님이 아니라 바로 나 자신이라 했거늘
믿을 만한가?
잿밥에 눈먼 나의 연밥(蓮實) 공양에 합장
나무아미타불관세음보살

밥알의 기원

오래된 밥그릇 하나 앞에 있다
상전이다
밥알은 티 없이 소심(素心)하다
밥알을 세며 깨지락대며 밥을 먹는다
밥알이 곤두선다
흘린 밥알, 썰컹썰컹 끈적이는
생의 바람을 본다
숟가락의 눈물이다
굶주림보다 따스한 낱알의 눈물
밥을 먹다 흘린 밥알 하나 생각하면
울컥대는 무언가가 있다
거기에, 배꼽처럼 온기가 아직 남아 있는
탯줄에 말라붙은 밥알들 밥풀처럼 인연이 깊다
흥건히 고여 있던 함몰된 눈물 자리 너머
오래된 그릇 하나 아, 밥알이다
한때, 어머니의 밥상머리는 공평하지 못한 물밥이었다
송구 껍질 되새김질이라도 했더란 말인가?
흘린 밥풀떼기에서 아버지의 노여움을 보았다

허기에 대한 배려였다
밥알을 공손하게 섬기라는 것이다

숟가락을 내려놓으면
먹는 일과 사는 일이 닮아서
수고의 그릇에 밥알을 올려놓는 것이다

태백의 발자국

소리소리 엎드려 줍다

한 땀 한 땀 오를 때마다 천 년의 영산 태백은
눈부시다 못해 시리다
칼바람 한 번 스칠 때마다 살갗이 아리다
발자국 서걱대는 오래된 산은
온몸 온통 은빛이다
'살아서 천 년, 죽어서 천 년'
죽어 살아 부르고 싶었던 이름이다
쓸쓸함과 늠름함, 생생히 주목(朱木) 하여
천신(天神)이 내린 눈꽃 무늬 이불 깔고 덮고
꼿꼿이 솟아 태곳적부터 있었던
병풍 속에 둘린 그대와 함께 나는,
고로 서성이다
구름이 나에게 전하는 말은
하늘 지붕 땅 사이 나는 어떠한가?
떠밀려 오르내리는 티 없는 소심(素心)
악쓰는 소리 헐떡이는 소리

따스하게 재울 수 있는 걸까
한 줌의 욕망으로 잠시 머무르다 가는
영산 이름 하되,
영험한 뼛가루로 줄 서 기다리던 산 그림자
소리소리 엎드려 줍다

미지의 잉걸불

떨어지기 위해 매달려 있는
기구한 나뭇잎 한 장, 시로 읊조리고
묵상으로 깨우친다
실낱같은 존재처럼 나무의 천공을 이고
불끈 눈물 한 조각 토해낸다
우주의 도톰한 각질 벗겨 내다보면
속 태우고 열기가 연소하는 미지의 잉걸불,
브라이언 슈미트* 예언처럼
믿을 만할까?
; 우리에게 남는 것은
타다 남은, 별의 잉걸불 캄캄한 우주가 될 거라는
그 막막 같은 천문학의 이론,
생각해보기로 하지
우주의 뇌가 터져 차갑게 죽어갈 때
시도 우주를 떠날 것인가?
먼지 덩어리의 위대한 죽음은
우주 바깥에 매몰될 것인가?
조각난 시간을 배웅하듯이—

우주를 탈출하기 위해 천공은 돌고 도는 것이다
우주 키스라도 한 번 하고 떠나야지
새로움의 탄생을 위하여

---

*2011년 노벨물리학상 공동수상자인 호주 국립대 교수

그 남자의 방

한 남자가 수술대에 올랐다
천당이나 지옥으로 가는 문턱은 좁고 험난하다
반드시 통과해야 한다
고통 없는, 생각조차 정지된 문턱 안으로
이 한 몸 맡기고 칼날이 내 속을 해부한다는
사실을 나는 알 수 없었다
고깃덩어리 같은 굳은 경솔함밖에 모른다
창자 피막에 국화빵처럼 박혀 있다는
멀쩡한 암 덩어리조차 텅 빈 속까지
나는 모르는 일이다
몇 시간이 흘러간 후 나는 오환을 느꼈다
예수님이 그랬듯이 나도 환생했던 것이다
낯선 눈동자와 마주쳤다
염라대왕 같았다
희미한 환생, 그게 별것 아니었다
나는 죽을힘 다한 영혼의 그림자임을
이제야 알겠다 아파야만 사는,
죽음의 뿌리치기

어둠 안에 있다

어둠 안에 있다
어둠 안에 숨어 보인다
모른다, 하였다
빛의 존재, 섣불리 원망하지 마라
그림자 안에 잉태하고 붙어사는
감추고 드러내 보이는 내 영혼
지금 방황 중,
오랫동안 갈등했었다
어둠을 덮고 당찬 햇발 기다리며
나는 내 구멍 안에 있는 것이다
껌처럼 굳어 있다 영혼이 해동되고
조각조각 부서지면 볕뉘* 깨우치리라
나는, 어둠 안에 있다
어둠 안에 숨어 보인다
모른다, 하였다

------

* 볕의 그림자, 햇볕을 은덕으로 여기며 고맙게 이르는 말-

기왓장 경문(經文)

산문(山門)에 들면 연꽃 향기 가득하고
절 마당 모퉁이에 날개 달린 검은 나비 한 마리
염하고 있다
깃털 저마다에 비상을 꿈꾸고
망자의 헝클어진 인연이 또렷하다
떠도는 인연을 불러 모아
안부를 묻고 서로를 위로한다
오늘만은 넉넉한 보살이 되어
목탁 소리, 소리 염불, 가지런히 모아 나를 보시하고
부처님을 알현하는 것이다
그리하여 무명 속에 깨우침을 성취하기도 하지,
심원사 대웅전 앞마당에 다소곳이 피어 있는
기왓장 연꽃 한 송이 질긴 인연을 피우고 있다
어디에 가든 어디에 있든
날고 싶었던 것들에 대한 업장(業障)을 생각하며
비어 있는 목어(木魚) 한 마리, 스치는 바람을 본다
잉어의 굳비늘* 지느러미 날갯짓처럼
훨훨 날아라, 날다가 지치면 날갯짓을 내려놓아라!

나의 푸른 그림자여!
내 안에 극락왕생 연밥 공양이나 가득 주거라

---

*물고기의 단단하고 광택이 있는 비늘의 순우리말

소리소리 사이사이

책을 펼친다

세상이 오소소 쏟아져 나온다
깨알 같은 별빛이 좁쌀눈을 깨운다
버무려진 활자 사이사이
어제의 어둠 깨우고 새벽을 달린다
말과 말들이 충동질하는 답답함도
글과 글들이 어울리는 가로세로 격자에도
꿈과 희망이 파닥이고 파랑새 날갯짓 같은
펼치고 싶었던 것들,
시큼한 잉크 냄새가 상큼하다
굶주림과 웃음이 나뒹구는 사람과 사람들
틈바구니 사이사이
반목과 갈등이 밟히고 밟힌 허기진 포만감 사이사이
나는 수필 같은 눈동자를 굴리며 시 같은 삶을 읽는다
그러면 잔별들의 꿈이 동공 안으로 흡입되고
지식과 지혜가 유입되는 빈자의 삶과 영혼
책갈피에 구겨져 인생이 바스락댄다.

이젠 대수롭지 않다
내 오감도는 무던하기 때문이다
선택된 세상, 종잇장에 눈동자가 구른다
종이가 접힌다
졸음 오는 심심함을 불문하고
종잇장에 비명소리 접히며 밤 사이 안녕이라
안부를 묻는다
읽어보지도 읽히지도 않은 어제와 오늘
시간이 흘리고 온 소식인 양 간밤에 읽어야 했을 법한
저장된 수많은 활자 사이사이에 문장 같은 세상
오소소 쏟아져 나온다
소설처럼 갈등하고 시처럼 압축된 삶의 등불
기죽지 않을까?

여여(如如)하신가

김씨, 오늘도 여여, 하신가?
연잎 한 장 받쳐 들고 연등을 달았다
염치없는 짓이다
답이 아닌 물음?
만물의 본질이라 하였다
우주는 내재적 질서에 의해 존재한다?
그것은 무엇?
실재의 여여?
일상 너머에 있는 의문점 하나
나는 10년 전 여여라는 불명을
겁 없이 사용한 적이 있다
무식이 용감하여 불알친구가 와락 놀랐다
아름다움이 여여란다
두 계집에 두 개 구멍이 그리도 아름다운가,
나도 놀랍다
연꽃도 모르고 부처도 모르는 가련한 중생
오늘도 여여, 하신가?

낮달의 기원

힐끔 내보이는 것이
수줍게 보이고 싶었던 것이냐?
세상이 궁금하고 싶었던 것이냐?
관심 밖에 벗어난 외로움 하나
저만치 숨어 보인다
손톱 같은 흔적
파란 바다에 숨어 보이는 지극정성
해님에 물어보고 구름에 물어보고
비바람에 물어봐도
빛의 질투 같다는 모호한 얘기뿐이다
생명의 산란 어머니의 눈빛 같다
낮달과 마주쳤다 비밀스러운 신비
고독의 오랜 기원이다
낮달의 시각(始覺)
걸쭉하게 시린 밤이면 훤한 달빛이 그리울 터
달빛 드리우는 밤이 그립다
낮달 부여잡고 숨죽이며 그렇게 산다

회상몽

1
잠이 맛있다
사랑보다 맛있다
잠에서 깨어난 나는
파랑새 은빛이다
로또보다 횡재다
고기 맛보다 쫄깃하다
되새김하는 하루처럼
꿈보다 맛있다
잠이 꿈이다

2
꿈의 시작은 동굴에서다
구속된 자유를 슬기는 저 눈동자
나는 각진 행위자다
낯짝 두꺼운 몽정의 꿈, 오르가슴의 불륜이다
나의 꿈은 승강기 같은 자유연상
고층으로 떠오르기도 하고 저층으로 추락하기도 하는

원숭이 뇌파 조삼모사(朝三暮四) 안에 뱀이 꿈틀댄다
금방이라도 달물결* 위로 식은땀이 음산하다
영혼과 육체는 컴컴한 구멍 속 뱀은 오싹 혀를 접고 펼친다
접고 펼치는 종이 꿈이 아닌 꿈
나 자신이 나에게 남기는 기록
나 자신이 나에게 전하는 메시지이다
꿈이 야무지고, 꿈에 밟히고, 꿈을 깨면
회상몽은 나를 겁탈하고 만다

3
영혼이 외출하는 것을 믿었던 꿈
메커니즘을 탈골시키고 형상화했던 꿈
하나같이 꿈만은 아닐 터,

---

*달빛이 은은히 비킨 물결, 달물결은 자연이 만들어낸 가장 음산한 풍경

위대한 고백

나는 부족하여 너와의 만남을
거부한다

황홀한 외출, 마음의 문, 달콤한 연락 같은
통과의례까지 나를 내 안에 가두었다
캄캄하다 불안하다 무섭다
틈새와 여백 경계 앞에 놓인
이것, 몰려온다
자욱하다
고통은 사라지고 즐거움이 홀로 온 것처럼
나뭇잎 한 장, 아름답구나!

내 벗에게 고하노라
벗이여, 모험과 창조, 개척과 도전
저 한 장이라면 잘된 것이다
우울과 우울증이라고 착각하지 마라
이것, 경악하는 짜릿함이다
내보이고 떠드는 것은 어리석은 짓이다

나는 부족하여 너와의 만남을 거부했다
고통스러운 달콤함을 위하여,

망각을 남기다

무엇을 남긴다는 것,
유쾌한 것만은 아니다
세상은 온통 잿더미 속 몸살을
앓고 있다
특히 기억과 흔적의 경계에서 망각을 남긴다는 것은
말도 안 되는 우스꽝스러운 얘기이다
기억에 물어봐라
내가 남길 수 있는 것이
얼마나 되는지….
내 영혼은 물론
내 몸뚱이조차 내 것이 아닌,
무형의 욕심이니라
'호랑이는 죽어서 가죽을 남기고,
사람은 죽어서 이름을 남긴다'는 것은
망각의 본질을 호도하는 자들의 기억일 뿐,
가죽과 이름을 남겨 무엇하랴
기억을 쌓아올릴 것인가
흔적을 없애거라

기억을 위한 망각이리라

망각을 위한 기억이리라

우린,

불명(不明)

세상은 한 치 앞도 내다볼 수 없는
불명(不明)이다
지그시 눈감고 숨어들다 보면
살아 있어도 산목숨이 아닌 이 한목숨
불명이다
죽은 사람은 죽은 사람이고
산 사람은 살아야지 악쓰다
내 유언은 불명,
한 줌의 뼛가루 흩어지는 이름 석 자
초라한 시 한 수의 불명이여
내 영혼을 달래다오
죽음과 주검은 경계의 불명이다
생을 찾아 숨어 써둔 것들
불명이다

제3부 貧者의 책갈피

소리 파문

물 좋은 데 가자는 말
확 내뱉자 얼굴이 생게망게하다
아, 꼬리에 꼬리를 물고 퍼져 나가는 소리 파문
서슬 퍼런 갈등 세우고 섰다
줄무늬처럼 일렁이는 소리의 추깃물
그 위대한 소리의 부속물들
입술과 세 치 혀 그리고 뇌세포까지
모른다 하였다
파문은 일파만파(一波萬波) 민날 같다
긴장감 넘치는 소리 파문
기꺼이 접수하리라
그러면 소리는 토(吐)해낼 것이다

사랑의 문신

사랑은 사랑 시가 아닙니다
연애소설은 더더욱 아닙니다
찔러주고 꿰매주는
바늘과 실 같은 인연입니다
뭉친 테마수필입니다
터지는 이별입니다
터져야만 보이는 사랑의 변명
아무도 모른다 하였습니다
그 저급한 사랑은,
저만치 혼자 왔다 갑니다
사랑은 마음의 지문 토리*입니다
아늘아늘 휘감아오는
속살 같은 지문입니다

---

*막대 없이 손가락 끝을 이용하여 공 모양으로 둥글게 감은 실 뭉치

그 여자

 찬찬히 뜯어보니 긴장감 넘쳐나는 그 여자, 얼굴은 복숭아처럼 보송보송 보드랍고 눈망울은 초롱초롱 별 같다 여덟아홉이나 됐을까, 순진하게 늘어트린 단발머리는 운율처럼 움직인다 콧날과 입 모양새는 오밀조밀 조화가 있다 여자치고는 파릇파릇 작은 키였지만 올리브 빛깔에서 여인 냄새 풍겨 온다 손에 쥔 것은 그 여자의 또래 친구였다 문학 향기에 눈떴으니, 화려한 조명 아래 서 있는 걔네 엄마처럼 벌써 문인이다 먼 훗날 그 여자는 오늘의 문학행사를 더듬어 수채화에 아이러니를 붙일 것 같다 먼발치에서 본 그녀는 보기 드문 아름다운 리듬이었다

구멍론

태곳적부터 뚫려 있었다
깎을수록 커지고 막을수록 궁금한
자극적인 맛
하늘이 무너져도 솟아날 구멍이 있다, 하였으니
양날의 칼날이다
비가 새는 것도 지붕이 새는 것도
구멍의 샐그러진 위대함이다
A씨도 B씨도 물론, 귀신도 구멍을 좋아한다
하늘이 뻥 뚫려 고맙고
우리 집 변기가 뚫려 고맙다
아직껏 달동네 구멍가게 살아 있고
땅 구멍에 흙 구멍 뚫려 있다
다 구멍 덕분이지
너, 보니 세상이 예쁘다
구멍은 유구한 동굴이다
구멍 안에 있다 나는
누에처럼
구멍에서 소리가 난다

貧者의 책갈피

읽는다는 것은 읽기 위한 수행이다
무식도(無識島) 유배지를 배회한다
빈 머리와 빈 가슴을 이끌고 무엇을 읽기 위해
지천명 고개 너머까지 버겁게 찾아왔다
하여, 지금부터는 깨알 같은 별빛이 쏟아지고
또렷하게 박혀 있는 종잇장 위에 오소소 눈도장 찍고
나는 나를 읽을 것이다
그림자 위에 오도카니 앉아 있는 몰골 사나운 나는
읽기 위해 뜨고, 쓰기 위해 감는다는 눈(目)의 변명 아래
뇌를 토닥이고 달래고 싶다
요즈음 나는 책갈피의 貧者라서 읽을 수가 없다
貧者의 책갈피를 넘기며 망각처럼 환해질 것이다
읽히는 나는 기억처럼 그림자 안에서 나를 위하여
나를 읽는다

한 방울에 대하여

무색 무미 무취는 우주의 보석이다
물할미가 낳은 자식, 눈망울이 영롱하다
너는 해와 달, 푸른 나뭇잎 어머니의 신비한 자궁
한 방울 한 방울 모이고 모여
생체가 되고 영혼이 되어 아버지가 되고 아들이 되고
자손이 되어 흙으로 구름으로
바람으로 태양으로 돌아가리라
애 녹은 한 방울 한 방울 모으고 모아
강물이 되고 호수가 되고 바다가 되어
바람 깨우고 구름 안고 하늘로 오르리라
목마름의 한 방울 한 방울 모으고 모아
갈증 앞에서도 소리 내지르지 않는 겸손함
한 방울에 대한 사모 때문이리라
그대로 두어라, 한 방울에 대한 갈증
목마름에 대한 희망이다
피안이 몸 안에 툭 떨어진다, 한 방울
한 방울 한 방울 모으고 모아
관욕(灌浴)에 찢기는 영원한 한 방울이여

삭제의 변

지운다는 것은
속 후련한 일만은 아니에요
아시잖아요?
그런데도
지우려고 안달을 해요
지운다고 지울 수만 있다면
목매고 삭제할래요
그 이름, 전화번호, 인상착의, 표정…
벽 너머 보이지 않는 생각마저 모두 다요
그런데 질긴 인연까지 삭제할 순 없잖아요
인생은 설치와 삭제, 복구와 삭제
삭제와 설치의 반복이니까
방금도 까만 활자를 삭제했어요
활자의 눈물이 보여요
Shift+Delete의 토닥이는
눈물 말이에요
내 눈물 같아 슬퍼요
미완성이에요

자화상

1
구멍을 비집고 태어난 나
철없이 봄여름가을 지나
초겨울 초입에 도착하니 숨이 차다
머리칼에 하얀 서리꽃 내려앉고
시린 잇몸 능선에선 치아의 울음소리 서럽고
동공은 널브러지게 흐려 있다
미간을 오가는 나룻배 돛대인 갈매기
나는 농익어가는 지천명 세월인데
하루해가 동짓날보다 짧아 생이 아쉽다
지나온 흔적 앞에 무릎 꿇고 기도해보지만
심술궂은 나잇살만 쌓여 간다
혼자라는 외로움은 엄동설한이 돼 봐야 안다지만
왁자지껄 혼자다
지난날과 앞날에 얽매이지 말고
지금 아름답게 살겠노라
숨 쉬는 날까지 비워야지 털어내야지

사람들도 나도 모른다

나 자신을 모르면서 남을 안다는 으스스한 객기는

턱도 없다

거울 속을 들여다본다

동공 속엔 내가 태어난 동굴이 있고

동굴 앞에 우물도 보인다

우물 안에 달빛이 차오르고 태양이 빨려들었다

꽃이 피고 지고 밤낮이 오가는 길목에

나목 같은 나잇살이 차오르면서 또 하나의 나를 본다

삶과 죽음에 관한 밀담과 비밀을 움켜쥐고

매일 거울 앞에 서서 죽은 가면 썼다 벗다

반복하며 나는 나를 자해(自害)하며

의문이 많은 내 영혼을 읽으려고 애쓴다

가끔은 어디론가 이탈하고 싶은 비장한 충동과 탐욕스러운 욕구 안에 갇힌 나는 운명적인 내 몫에 포섭되었다

2

나는 욕망의 수배자요 착각의 표류자다

아무리 자작으로 찍어내도 복제된 가짜다
엉큼한 사람 봤나
빛과 그림자 안에 서성이는
그대는 누구냐?
그대는 나다, 나는 그대
그대는 지금, 거울 앞에 서 있다
거울에 비친 엉키고 꼬인 나는
청개구리이다
정체성에 저당 잡힌
표리부동한 욕망의 소유자
시작(詩作)의 고뇌처럼
번민의 착각처럼
언제나 뒤바뀌고 닮은

그대는 누구냐?
나는 그대, 그대는 나다

열등감에 저당 잡힌 한 마리 청개구리

거울 안에 웅크리고 있다
켜켜이 거울이 접힐 듯 그 모습이 쓸쓸하다
나는 죄 없는 주름살을 가만히 만져보았다
내 머리칼에 시름처럼 내려앉은 늦은 가을
은빛 서리를 바라보면 얼굴이 뒤바뀐 채
아등바등 사는 내 그림자는,

3
땅 한 뼘 펼쳐놓고 선을 긋는다
내 누울 자리 내 그림자 자리
하늘을 덮고 해와 달을 맞이하면
별빛이 푸르다
나무를 세우고 바람을 부르고
나뭇잎 한 장 떨구면
땅 위에 씨앗 한 톨 되는 것을
궁금해하지 마라 그곳은
내 누울 자리 내 그림자 자리이다
설령 빈자리가 없어도 좋다

땅에 미안해서 배정받지 못한
내 누울 자리 내 그림자 자리
어둠이 없는 세상이다

땅 한 뼘 펼쳐놓고 집을 꿰맨다
그림자도 침묵하는 고요한 그곳
아침 먹고 점심 먹고 저녁 먹고
훌훌 털어내는
내 누울 자리 내 그림자 자리
나는 소멸하는 것이다

꿈의 기원

꿈은 밤의 창녀다
꿈은 낮의 남창이다
낯선 여자 남자
껌처럼 붙었다
육감인가?
영혼인가?
깃대에 펄럭이는 오르가슴
터질 듯 시원하다
깨어보니 몽정이다
벙긋, 시시하다

단풍

누가 불 질렀나?
산꼭대기 능선에 진을 치고
가을을 염탐하던 나뭇잎 한 무리
엽록소를 점령하기 시작했다

불 질러 온 산 태우고 몸 태우고
염장을 지르고 있다
도심이 불타고 어둠이 불타는 사이
내 몸 구석 어디엔가
단풍이 든다는 서툰 비밀에
방화범은 불안하다
그 방화범, 아직 잡히지 않았다

오솔길 단풍놀이 설성이다
단풍 물드는 그 답이 그 답이다
몸속에 물드는 통례의식은 절차를 무시하고
무관심을 틈타 창자 끄트머리에 눌러앉았다
거부하다 떨어진다, 툭툭

이젠 이별하는 것인가?

붉게

토라진 벽

내 앞에 견고한 벽이다 벽 사이 벽,
균열이 의심스럽다
바늘귀라도 있어야 숨을 쉴 텐데
나는 바늘귀가 가로막혀 상처가 깊다
산소호흡기도 숨이 차다 못해
이젠 벽을 깨트릴 만한 힘도 없다
서로 부딪치고 부딪칠수록 견고한 벽
상처만 깊고 깊은 벽, 허물어야 하는
이유조차 상실했다
까마득한 기억에서 지워야 할
내 앞에 상처 난 토라진 벽
벽을 허물기 위해 굳은 벽을 쳤다
치면 칠수록 더 높게만 쌓이고 쌓이는
단단해지는 벽
가까울수록 멀어지는 벽 사이 벽에는 소리가 없다
못난 부자(父子)가 벽에 대못처럼 박혀 있다
서로 벽에 기대며 벽을 두드리다
벽을 허물고자 더 높게

무너질 때까지 벽에 갇힌 단단한 것들
숨이 차다

나를 읽은 눈, 나를 읽는 소리

갈피 속에 숨겨져 있는데도
모르시나 봐요?
찾은 이들이 드물어서요?
갑갑하고 답답하다는 걸 어찌 모르겠어요?
여러분은 찾아봐요 네, 그 보물 말이에요
덧셈 뺄셈 토익 한자 공부, 태정태세문단세 다 좋아요
그런데 우리 시 한 편, 수필 한 편, 소설 한 권
동화책 한 줄 읽으면 안 되나요?

어린이 여러분, 잠자는 백설공주는 어때요?
그럼 엄마 앞에서 짝짜꿍은 어때요?
다 싫다고요?
스마트폰 게임 좀비가 좋다고요? 에고, 큰일이네

신사숙녀 여러분, 외롭고 쓸쓸하다고요?
책 속에 사랑과 우정 그리고 즐거움이 있어요
거기 숨겨진 보물을 찾으세요
문명에 점령당한 좀비들

책을 멀리한다는 것은 문명에 대한 배반
예술에 대한 모독이에요
우리 함께 책 읽어요 네?
즐거운 세상 만들어 봐요 네?
책갈피에 나를 끼워 넣고 눈동자를 굴려
활자와 엄밀한 밀거래를 해봐요
그럼 내가 부자 되고
세상이 아름답게 보일 거예요
세상에 아름다운 사람은 책 읽은 사람이에요
나를 읽은 눈, 나를 읽은 소리에 눈물이 나요,
여러분—

눈물의 교향곡

마를수록 사랑받는 야윈 세상
멸치 떼가 바다를 한바탕 휘젓고 육지로 소풍 나올 땐
은빛 비늘, 파닥이다
메밀눈 말라붙었다
말라붙은 눈물의 껍질에도 색깔이 있다지요?
소리가 터졌다지요?
눈물을 오래 참다 보면
누구나 울음보가 터진다
울음마다에는 격과 품위가 있어서
보지 않아도 그 울음이 슬픔인지 기쁨인지 거짓인지 알 수가 있다
조밀한 농도가 배어 나온다 이것 눈물울음이라 하자
이렇게—
훌쩍이고 들썩이고 훔치고 감추는,
이별이다
소리를 내지 않는 이별,
아무 일 없었던 것처럼 그냥 홀로 보내는
이 눈물은,

제4부 서늘한 기억의 집

고향의 고향

 태초의 고향이 궁금하다 우물 단지라든지 동굴이라든지 보름달이라든지 허튼소리가 흥미로울 땐 난 우울하다 어머니 자궁이 내 고향이라니 그래서 도봉산에 가면 어머니가 알몸으로 하늘을 보고 누워 계신다 남우세스럽지만 신비하다 그래서 또 다시 부용산에 가면 서쪽에 베개 베고 동쪽으로 다리 뻗고 가지런히 기도하는 어머니가 하늘 보고 누워 계신다 임신한 내 어머니다

 낮달이 구름에 가려 태양이 수줍다 하늘은 기둥뿌리를 세우고 구름과 비를 낳고 지붕을 씌워 생명을 보듬은 깊은 동굴이다 내 어머니를 진부하다고 흉보지 마라 어머니는 늘 한데 누워 계신다 불암산인가 수락산인가 거기에 가면 부끄러워하시는 우리 어머니를 힐끔힐끔 훔쳐보는 딸자식들 힘들 때만 어머니를 찾는다 어머니는 위대한 동네북이다

서늘한 기억의 집

그대는 거기에 볏짚을 이고 이엉을 덮고 용마루에
새끼줄을 엮어 목뼈, 갈비뼈 비집고
등뼈 건너뛰고 골반을 통해 뱀 구멍으로 빠져나왔다

그때 화들짝 놀랐다
벽에 말라붙은 균열은 텅 비어 있었고
황토를 허리에 두르고 하늘을 인 채
굴뚝새의 삶을 생각한다
처마 밑에 달라붙은 제비 새끼들처럼
공중에 매달린 조롱박 그리움 하나
나는 오래된 이런 것들을 좋아한다
지붕에서 새는 축축한 빗방울
덜덜 떨고 있는 새파란 문풍지
십이월 아침 싸락눈의 눈동자
뜨끈뜨끈한 구들장의 체온
아궁이의 날름대는 혓바닥
빨랫줄에 졸고 있는 어머니의 흰 머리카락
호롱불빛에 새어나오는 다듬이 소리

한여름 밤 모기들의 살점
할머니 같은 된장 냄새까지
모두가 내 주변에 방황했던 기억들이다
다리 사이 다리는 우물이었다
우물 안에 으스름달이 처연하다
동굴이 그리워지는 밤이다
먼 가을 햇덧에 어머니는 마구간에 날 낳으시고
먼 길 떠나셨다
소리소문없이
정수리에 배내똥 벗겨지지 않은 나는
"삶은 똥이다"고 외쳐본다
삶이란 부대끼고 주워담다 내다 버리는 공평이다
그런데 서글픈 것 또 하나는
다리 밑이 그립다는 것이다
기어들고 싶은 원수 같은 못동을 만났으니
철천지한 종자를 거부하는 이 몸
인연을 말하지 않으리라, 집이 그립다

배꼽이다

우물 단지 안의 인연을 본다
보이지 않는 인연까지 다 내려놓고, 함몰된 흔적
상처가 깊고 아리다
배꼽이다,
가위에 잘린 자국 안에 내 주름진 울음이 매장되어 있다
삼* 안에 고여 있는 모래집물**
신성하다 못해 신비하다
우물 단지는 아직 흥건하다
달의 뼈와 살이 농축된 어둠 속 그림자
서로 속삭인다
함부로 들여다볼 수 없는 우주의 중심을 엿볼 때
배꼽이 그립다
손으로 문지르고 주무르면
우주의 중심에서 어머니의 젖 냄새, 살 냄새
저려온다
가끔 감추어진 배꼽을 내려다보면
배꼽에 자양분 같은 꽃이 피고 지고
깊어만 가는 인연이 서러울 때가 있는 것이다

매장된 생명의 육신처럼
운명의 속신처럼,

요즈음 배꼽 통증 때문에 어지럽다
배꼽이 드러나고 숨어 보이는
함몰된 우물 안에
으스름달이 처연하게 빛을 흘리면
따뜻한 생명이 드리우는

배꼽이다

---

*태아를 싸고 있는 막과 태반
*양수의 순우리말

느그 어무이

1
소풍 가신 느그 어무이 얼라처럼 신났다
느그들 땜에 죽어서도 산다
느그들 어미 땜에 사나?
머뭇머뭇 올칵대지 말고
퍼떡 말해 보거라
그 잘난 등골까지 다 빼주마
느그들 자식새끼 땜에 산다는 것
다 안다마는….
국숫발 같은 장맛비가 추적거리는 날은
텁텁한 느그 어무이 손맛이 그리울 터
느그 어무이 흰 머리카락 한 타래
나무젓가락에 울컥댄다

2
추석이 눈앞에 다가오니
스프링 탄성처럼 되돌아가고 싶다
어무이는 보름달을 젓가락으로 곱게 접어

조각보에 버무리고

버무려 가마솥에서 쫄깃쫄깃 삶았다

달빛 가려운 어둠까지도 몽땅

맨날 그립다

둥근달 바라보면 눈물이 핑 돈다

벌써, 라는 엊그제 한 말

벌써 잊었는가? 벌써, 라는 엊그제 한 말
세월도 농익으면 서럽고 슬픈 법
달력 안에 숫자 몇 톨 털어내는가
아쉬움도 사무치면 그리움인가
내 주변을 방황하는 케케묵은 냄새들
아쉬운 이름들
그립다

기다림인가?
날마다 이별이고 만남인데 어디 마지막이
새삼스럽더냐?
옆길로 새어버린 세월 앞에 선 우리
그리울 때엔 세상은 이미 하나다

오늘같이 좋은 날
차오르는 나잇살 보듬고
나 여기에 있다
꽃이 피고 지고

머리칼에 포위당하고 청춘에 점령당한 우리는
　송년의 파티에서 황홀함을 마셔보면 세월의 진미를 안다
　근육의 강인함에 금이 간 나의 기억들
　흔적 없는 유서를 쓴다

그물을 통과하는 그 세월을
벌써 잊었는가? 벌써, 라는 엊그제 한 말
세월도 농익으면 서럽고 슬픈 법
달력 안에 버거운 숫자 몇 톨 털어내는가
아쉬움도 사무치면 또, 그리움인가
내 주변을 방황하는 케케묵은 냄새들
아쉬운 이름들
그립다
오늘같이 좋은 날,

그림자 속옷을 벗기다

나는 그림자, 그림자 안에 있다
나약하고 도태된 옹졸함 보필하는 마임
하나, 닮은 형상 둘 그림자 속옷을 벗기다
첫날밤 수줍음처럼 부끄럼처럼
우린, 그림자 안에 있다
나잇살에 체한 허기진 세월
내 그림자 속옷을 벗기다
앉으라 하면 앉고, 서라 하면서고
벗으라 하면 벗어버리는
복제조합 같은 순종
작은골에 빌붙어 사는 뇌세포의 내재율처럼
우린 가난한 그림자의 속옷

나는 그림자, 그림자 안에 있다

녹색의 파문

고즈넉한 山寺에 들렀다
주지 스님의 친견 선방 앞에 앉아 있는데
사방이 엄한 눈빛이다 부처님 뵙기가 민망했다
삼배체 벌써 무릎이 저려왔다 침묵도 무거웠다
좌정은 주지 스님의 황당한 배려였다
"차 한 잔 드시게."
찻잔에 무언가 일렁이는 빛
입안 가득 주체 못할 빛
한입 떨구지 못하고 말문이 닫힐 때
누군가 찻잔에 파문을 던진다

"나쁜 것은 없어져 가고, 좋은 일은 반드시 오고 있다."
"감사합니다."
"고맙습니다."

고즈넉한 山寺 녹색의 파문 속으로
한 방울의 울림,
하늘 담아 고요하다

슬픈 귀가

벌건 대낮에 구멍이란 구멍은 다 뚫렸다
미친 걔들 개머리진지에서 불을 내뿜었다
그리고 경멸의 눈으로 오늘 연평도가 터지고 금이 갔다
미친 개머리가 꾸며낸, 죽음을 경험하는 기습이다
죽음을 수단으로 삶을 확장하는 불장난은 유치하다
불길에 휩싸인 공포와 변화의 불안
잠시 기억을 잃어버린 연평도는 전자 발찌에 강간당한 기분이다
질서를 해체한 미친 걔들의 NLL 성욕 말이다
불발탄에 추악한 성기를 드러낸 욕정이다
구경꾼들 웃긴 폭탄주에 그을린 상흔은 코미디를 낳았다
말과 말에 깔린 연평도는 지금 신음 중이다
국경의 비대칭전력에 희생된 변명들
에둘러 막아보지만 연평도는 아무런 말이 없다
안개 자욱한 연평도에 파도가 을씨년스럽다
녹슨 바다에 새겨둔 두 동강 난 자화상이 슬프다 못해 혼미하다

지혜로워야지, 나를 기다리는 뭍으로 돌아와야지

고달픈 하루해가 길어도 돌아올 수만 있다면
돌아갈 수만 있다면
하루 이틀쯤이야 늦어지면 어때서,
영영 돌아올 수 없는 무소식에 화들짝 놀라지도 못하는
슬픈 군상이여!
이별이 서러운 미운 것들아!
살아생전 서러워서 기도를 올린다
지금 당장 돌아오시라고 지금 당장 돌아가시라고
대답 없는 연평도 앞바다엔 무청 같은 파도가 사납고
범접할 수 없는 붉은 그림자의 환생을 기다린다

위안하다

 수마가 할퀸 상처에 흙살이 차오를까. 루소가 남긴 "자연으로 돌아가라"는 그 위대한 말에 경악하는 것은 유효기간 없이 역사에 오르내리기 때문이다. 개구쟁이 적 나는 루소가 "산으로 가라"는 줄 알고 산으로만 뛰었다. 바람과 동무 되어 햇살을 움켜쥐고 하늘을 보고 너럭바위에서 구름 위에 누웠다. 그리고 에디슨을 생각했다. 깜빡이던 전깃불 아래에서 올망졸망 뜬눈으로 문명을 갈망하던 내 어린 물빛 추억은 으스름달 같다. 호박꽃 같은 호롱불빛이 그립지만 지금 사라지는 기억들 앞에 그 자연의 반란은 처참하다. 천재지변이니, 인재니 변명 듣고자 그 소리 듣는다 흙 없는 곳에서는 생명이 살 수 없다는 말과 흙 없는 곳에서도 잘만 산다는 말까지, 우사(雨師)의 알몸에서 자연과 문명의 갈등을 본다. 놀라지 않았으면 좋겠다마는, 벌어지는 것들,

산(山) 벗에게

1

여성봉(女性峰),
어머니께서 이곳에 계셨는지, 알지 못한다
너희가 어머니를 아느냐? 그리움이여!
동굴 닮은 보름달이여!
동굴조차 지어미를 알아보지 못하고
남근조차 짓궂다 자, 보아라
너의 어머니이니라
깊숙한 동굴에서 만삭이 뜬다는 걸
자, 보아라

2

불암산 돼지머리,
인간에게 여쭙노라
너희는 어찌하여
산신에게 제물로 바치느냐?
내 모가지를 끊어놓은 것도 모자라
오묘한 내 콧구멍까지 탐하느냐?

죽은 뒤에 억울해서 영혼까지 뻣뻣하도다
돼지머리 위에 오른 인간의 탐욕을 위해
기꺼이 희생하노니 엎드려라
주둥이는 실룩샐룩
눈구멍은 살짝궁
귓구멍은 멀고
나무젓가락은 늴리리야
콧구멍에 지전 몇 장 끼우니
'돼야지'*다
돼야지! 돼야지! 도! 도! 도!
인생 도다

3
산술(山酒) 따르면
산신도 산술에 취해
정신 혼미해진다는데
불음주는 효험이 없을 터,
나는 기막힌 조망에 황홀하기보다는

산술에 마음 설렌다.
산 오르는 것은 산을 밟는 것이 아니라
나를 밟는 것
햇빛 한 줌, 바람 한 줌, 흙 한 톨, 풀 한 포기
나뭇가지 하나까지도 내 몸
산 오르내리는 사람들
얽히고설킨 사람들
사람들 가슴마다 산술 따르며 산, 오르내린다
단단하게 따르는
'유세차 모년 모월, 산신령께 비나이다.'
산에 오르면서부터 산 그림자를 본다
산은 발로 밟는 것보다 머리로 밟을 때
맛있다
산을 이고 산을 끌고 산을 품고
안돌이**에 기대며 돌아본다.
낮게 엎드려 산술을 따르면
불암산 돼지머리 콧구멍에 지전이 끄덕인다.

---

* '되야지'를 변형시킨 말
** 험한 벼랑길에 바위 같은 것을 안고 겨우 돌아가게 된 곳

이 좋은 날

이 좋은 날
왁자지껄 웃음꽃 만발하고
쫄깃쫄깃 다정다감하다
먼 옛날에 별빛 까는 심정으로
삼경에 정자와 난자가 만나 나를 낳으신 당신께
소곤소곤 감사드리옵고 다소곳이 허리 굽힌다
달빛 찰랑거리는 오늘밤은 내 고향이 그립다
잊지 말아야 할 기억 하나
생일 쟁반에 가지런히 담아놓고
지금 살아 있음을 노래한다
이 좋은 날
생일 꽃 한 아름 안고 기뻐하리라
오늘이 마지막 날인 것처럼
미역국이 넘실넘실 춤추는 이 좋은 날, 오늘

하, 내 생일이다

내 영혼에 보내는 허튼소리

영혼은 깨끗하지도 착하지도 않고 온 데 다 빌붙는다. 그 이름인즉 굶주리기도 하고 상처받기도 한다. 나는 영혼이 맑은 사람이 아니다. 짓궂은 영혼을 지닌 그림자다. 나는 알코올이 몸속에 유입되면 용기가 뻗친다. 웅크리고 있던 내 그림자가 폭발하는 것이다. 말과 말들이 장난치고 술잔에 뒤섞이고 수필 같은 널브러진 신변잡기가 고개를 쳐들면 휘어진 세 치 혀도 깔깔대며 바람을 넣는다. 너는 내 애인처럼 옆에 앉아 술까지 따르면서 "당신은 영혼이 맑은 사람이야!" "그러니 시 쓰고, 글 쓰지" 겸연쩍어, 그저 웃기만 해도 미안한데 영혼이 맑은지 혼탁한지 엿보기로 했다. 나는 숨겨둔 여자는 없어도 엉큼한 데는 많다. 알코올 핑계로 허락하지 않는 여자 가슴을 은근슬쩍 만져보기도 한다. 여자 가슴에 영혼이 숨어 있다. 어둠 속에서 영혼을 소유할 것이다. 얼굴이 확확 달아오른다. 체념하듯 떨어지는 욕망은 허망하게 아름답다. 나는 운수 좋은 놈, 하지만 나는 이미 죽은 가면과도 같다. 영혼이 이탈한다. 어디에서 어디로, 그래서 서늘하게 아름다운 것이다.

나를 수리 중입니다

나를 사랑하지 못한 죄짓고서
또 새해를 맞이했습니다
그래서 새해 벽두부터 나는 나를 수리 중입니다
사랑은 잘 몰랐습니다
부끄럽습니다
지금부터 진한 사랑을 할 겁니다
먼저 나에게 흠뻑 빠진 후
너에게 푹 빠질 겁니다

반성과 성찰을 위한 변명 하나 있습니다
내 몸 하나 간수 못하면서 무슨 얼어 죽을 사랑입니까?
이제야 손톱만큼 숨어 보이는 사랑의 시작입니다
시(詩) 같은 사랑 말고 수필 같은 사랑만 할 겁니다

이렇게요—
우선 나를 위해 찰칵, 한 장 박았습니다
나는 낯선 타인이 되었습니다
깜짝 놀랐습니다

나는 타인같이 말합니다
"나를 사랑하지 못한 죄짓고서" 찔리세요?
네, 사랑이란 나의 행위
그럼,
나를 먼저 잡아야 하지 않나요?

얼음

굳어 있다

영하(零下)만 먹고사는 순 악종
굳어버린 표정
필시 응어리진 사연이
있을 터—
어디 두고 보자
물의 반항이랬다
술술 풀릴 때까지
폭발하지 않으리라
어디 기다려보자
이것도 인연이란 말이지
싸늘한 침묵

어디 믿어보자
어떤 응어리

해설

세 개의 자화상

박옥춘 문학평론가

> 시인은 무엇으로 만인의 심금을 울리는 걸까요?
> 무엇으로 모든 원소를 이겨낼 수 있을까요?
> 그것은, 가슴속에서 솟아나와
> 온 세계를 다시 가슴속으로 이끌어들이는 조화의 힘이
> 아닐까요?
> ― 『파우스트』, 「무대에서의 서연(序演)」 中

시인은 언어라는 도구로 꿈을 벼리는 자다. 다시 말해 시인은 언어를 통해 자신만의 우주를 창조한다. 그러나 그 우주는 '없던' 것으로부터의 솟아남이 아니며 기존의 우주를 참조한다는 점에서 창조라기보다는 재편성에 가깝다. 시인의 환상이 언어에 의해 정교하게 구축되는 것이다. 따라서 한 편의 시는 재편(조정)된 하나의 우주요, 한 권의 시집은 재편된 우주의 모음집이다. 그런데 왜 시인은 이 우주 창조를 한 번에 그치지 않는가. 왜 새로운―새롭다고 믿는―우주 창조에 매번 자신의 전존재를 내던지는가. 이 물음은 무엇이 시인으로 하여금 시를 쓰게 하는

가, 하는 물음과 맞닿아 있다. 과연 내부의 어떤 추동력이 시인을 충동하는가.

> 위험 짊어지고
> 징검다리 건너는 아이가 있다
> 짓눌린 가위에
> 파르르 떨림 진동수 비틀비틀
> 공중에 걸려 있는 까치둥지 외벽
> 나뭇가지에 엮은 베틀생명줄
> 아이의 올가미
> 빙글빙글 돌고 도는 환청
> 저기
> 삭막한 벌판에 흩날리는 초라한 초개
> 사람이 찾고 들쥐가 찾고, 새들이 찾는 맥박
> 심장 안에 구부린 채
> 주인 기다리는 가느다란 초개여
>
> 닐 삽고 싶은 끈 저기에 있다.
> ―「지푸라기」 전문(『비틀거리는 그림자』)

어둠 안에 있다
어둠 안에 숨어 보인다

모른다, 하였다

빛의 존재, 섣불리 원망하지 마라

그림자 안에 잉태하고 붙어사는

감추고 드러내 보이는 내 영혼

지금 방황 중,

오랫동안 갈등했었다

어둠을 덮고 당찬 햇발 기다리며

나는 내 구멍 안에 있는 것이다

껌처럼 굳어 있다 영혼이 해동되고

조각조각 부서지면 볕뉘* 깨우치리라

나는, 어둠 안에 있다

어둠 안에 숨어 보인다

모른다, 하였다

—「어둠 안에 있다」 전문

서두의 질문에 대한 답을 「지푸라기」에서 어렴풋이나마 찾아볼 수 있지 않을까. 시를 지배하고 있는 것은 팽배한 불안의 기미와, 위험에서 구해줄 '어떤 것'에의 기다림이다. 아이를 불안에 빠뜨리는 위험은 실체가 드러나지 않는다. 다만 '징검다리' '공중' '외벽' '올가미' 등으로 불안의 정황을 확고히 할 뿐이다. 구원? "초라한 초개" 곧 지푸라기를 기다리는 훗훗한 일일 터. 일순간 "빙글빙글 돌고 도는 환청"과 "삭막한 벌판에 흩날리는 초라한 초개"가 유사관계에 놓이면서 불안한 자아와, 자아가 기다리던 지푸라기가 다만 "초라한 초개"로 동일시된다. 그러나 그 초라함(무소용)에도 불구하고 사람과 들쥐, 새가 필요에 따라 찾는 것처럼 "심장 안에 구부린 채/주인 기다리는", "널 잡고 싶은" 끈이 있다. 어떤 혼란—불안으로 인한? 혹은 욕망?—이 시를 모호하게 하지만, "심장 안에 구부린 채/주인 기다리는 가느다란 초개"를 시(詩)라 할 수 있지 않을까. '올가미'와 '베틀생명줄'을 오가는 위험과 구원의 '끈'—.

첫 시집에서 시인이 탐구했던 '지푸라기' 이미지가 이번 시집 『낮달의 기원』에서는 '동굴'로 탈바꿈한다. 부유하는 이미지에서 고정된 이미지로의 전환. "구멍은 유구한 동굴이다/구멍 안에 있다 나는"(「구멍론」). 동굴의 큰 특징은 열린 폐쇄성의 '구멍'에 있으며 빛과 어둠이 공존하는 데 있다. 「어둠 안에 있다」는 영혼에 대한("심장 안에 구부린 채/주인 기다리는") 탐구다. "나는 내 구멍 안에 있는 것이냐". 존재라는 구멍과, 구멍에 깃든 존재, 자아 인식은 여기서부터 비롯된다. 동굴 안의 어둠과 외부로부터의 빛. 절반의 어둠과 절반의 빛. 어둠이라는 바탕 위에서 비로소 빛은 인식의 장을 연다. 그러나 불명(不明)이 괴로움인 것처럼 '빛의 존재' 앞에서도 역시 고통스럽다. 빛도 어둠도 아닌 존재의 반투명성, 그로 인한 인식의 불투명성으로 존재는 "어둠 안에 있다", "모른다, 하였다".

그러나 이 "숨어 보이는", "감추고 드러내 보이는" 존재야말로 "비밀스러운 신비"(「낮달의 기원」)다. 동굴 속의 고독한 존재는 읽고 쓰기를 멈추지 않는다. 그가 읽고 쓰는 행위는 문자에 바치는 제식이 아니라, 자신을 읽고 쓰는 깨우침의 과정이기 때문이다. 따라서 동굴은 자기인식—빛의 존재로 말미암아—의 방(房)이며, 불명(不明)에서 깨어난 자아의 탄생을 위한 산실(암실)이기도 하다. 시인은 불명의 과정을, 혹은 그 결론을, 혹은 그 실패를 낱낱이 기록한다. 마치 연금술사의 일지처럼 창조의 시도와 그에 따른 무수한 실패를. 그것의 절박함과 끝없는 반복은 신체적 욕구와 닮았다. 생존하기 위한 본능처럼 시인은 읽고 쓰기를 멈추지 않는다.

자화상은 대상을 자신으로 제한하는 집약된 창조다. 세계의 철저한 배제와 함께 자신의 일부분(얼굴)만을 선택하는 특수한 기술(記述)이다. 세계로 향한 시선이 나에게 되돌아옴에 따라 나는 세계를 대신하는 대상이 된다. 거울에 비친 자신의 얼굴은 요약된 세계상인 것이다. 나르시시즘에 기초하지 않은 자화상이 있을까. 그러나 세계의 배제와 함께 자신에게 쏟아진 시선 속에는 공정치 못한 판단이 간섭할 수 있다. 어쩌면 나르시시즘의 반동적 지각에 의한 냉소와 각성과 객관적 시선을 앞세우는 지나친 성찰과 회오들.

이번 시집의 세 국면을 축약해서 보여주는 「자화상」은 시인의 삶을 요약하며, 또 자기 인식 과정과 시의 지향점을 가리키고 있다. 지금까지의 삶을 구획하고 의미를 부여하는 일은 과거 삶에 대한 반추에서부터 미래의 시간, 특히 죽음에 대한 사유에까지 이른다. 청춘의 자화상과 다른 점은 시간에 대한 예민한 감각이다. 「자화상」 1에서는 먼저 노후해가는 육체에 대한 서글픔, 흐르는 시간에 대한 안타까운 심정을 토로하면서 시작하고 있다. 그러나 자신을 들여다보는 시선 속에는 회한만 있는 것이 아니라 「벌써, 라는 엊그제 한 말」, 「망각을 남기다」에서처럼 자기성찰과 앞으로의 삶에 대한 결연한 다짐이 있다.

자화상 1 : 생의 종합과 요소

거울 속을 들여다본다
동공 속엔 내가 태어난 동굴이 있고
동굴 앞에 우물도 보인다
우물 안에 달빛이 차오르고 태양이 빨려들었다
꽃이 피고 지고 밤낮이 오가는 길목에
나목 같은 나잇살이 차오르면서 또 하나의 나를 본다

삶과 죽음에 관한 밀담과 비밀을 움켜쥐고

매일 거울 앞에 서서 죽은 가면 썼다 벗다

반복하며 나는 나를 자해(自害)하며

의문이 많은 내 영혼을 읽으려고 애쓴다

가끔은 어디론가 이탈하고 싶은 비장한 충동과 탐욕스러운 욕구

안에 갇힌 나는 운명적인 내 몫에 포섭되었다

—「자화상」 부분

  삶의 시간은 축적인가, 아니면 다만 통과하는 것인가. 위의 시에서 보는 것처럼 김형출 시인에게 시간은 곧 경험과 비례하면서 자아는 세계와 사물에 대한 종합 혹은 요소에 대한 사유에 몰두한다. "나잇살이 차오르면서 또 하나의 나를 본다". 자아는 거울에 투영된 "또 하나의 나"와 '거울을 들여다보는 나'로 이분되어 있지만 의식하는 자아가 우세하다. 그는 마치 어두침침한 골방의 파우스트 박사처럼 "삶과 죽음에 관한 밀담과 비밀", "의문이 많은 내 영혼"에 대해 알고자 하는 충동으로 가득하다. "이 세계를 가장 내밀한 곳에서/통괄하는 힘을 알게 되고,/모든 작용력과 근원을 통찰"(『파우스트』)하여 종합하고 확고한 판단에 이르고자 한다.

  「밥알의 기원」은 어린 시절 '어머니의 물밥'에 대한 애틋

한 기억이며, 「밥알론」에서는 밥 한 톨을 '우주의 살점'으로 비유하면서 그것 앞에서의 마음가짐을 '밥심'이라 말한다. '밥심'은 생명을 유지시키는 공물(供物)이면서 그것에 바치는 겸허함이다. 「지구 껍질에 대하여」, 「한 방울에 대하여」는 인간이 지배하는 세계에 대한 추상적 사유다. 「위안하다」는 루소와 에디슨을 참고하며 자연과 문명의 갈등을 언급한다. 의식적 자아가 지배적인 자화상 1의 국면은 세계를 포괄적으로 이해하려는 원대한 욕망으로 인해 오히려 추상적, 관념적, 평면적 진술에 머무는 위태로움에 놓이기도 한다.

자화상 2 : 욕망과 근원으로의 회귀

우물 단지 안의 인연을 본다
보이지 않는 인연까지 다 내려놓고, 함몰된 흔적
상처가 깊고 아리다
배꼽이다,
가위에 잘린 자국 안에 내 주름진 울음이 매장되어 있다
샘* 안에 고여 있는 모래짐물**
신성하다 못해 신비하다
우물 단지는 아직 흥건하다
달의 뼈와 살이 농축된 어둠 속 그림자
서로 속삭인다

> 함부로 들여다볼 수 없는 우주의 중심을 엿볼 때
> 배꼽이 그립다
> 손으로 문지르고 주무르면
> 우주의 중심에서 어머니의 젖 냄새, 살 냄새
>
> ─「배꼽이다」 부분

「자화상」 2의 국면은 욕망하는 자아를 직시한다. 거울을 매개로 의식하는 자아와 거울에 투영된 자아로 분리되고 있지만 여기서는 욕망하는 자아가 부각된다. "그대는 누구냐?/그대는 나다, 나는 그대"라는 문답을 통해 자아는 "욕망의 수배자"이며 "욕망의 소유자"임을 인정한다. 욕망의 주체이기는 하지만 욕망으로 인해 갈등하는 자아는 볼품없는 '청개구리'다. "착각의 표류자", "복제된 가짜"로서의 가차 없는 자기 판단은 이후의 심리 변화를 예측하게 한다.

한편 "영혼은 깨끗하지도 착하지도 않고 온 데 다 빌붙는다"(「내 영혼에 보내는 허튼소리」)는 말처럼 시인이 욕망을 말할 때는 짓궂을 만큼 직설적이기도 하다. 「동백꽃」, 「고추」는 어떤 수식도 없이 '몸엣것'을 드러내고 있다. 동심을 바라볼 때처럼 웃음을 선사하지만 "안에 감추어진 불더미"와 "빠알간 눈물", "붉은 눈"은 욕망하는 자의 슬픔을 엿보게 한다. 시인은 「꿈의 기원」, 「회상몽」에서 욕망의 기본 텍스트로서 꿈을 파악하기도 한다. 소원성취로서의 꿈("꿈은, 밤의 창녀다")과 생명의 시작에서부터 욕망이 비롯된다는 꿈의 기원("꿈의 시작은 동굴에서다")까지. 착각과 복제의, 갈등의 이중적 존재가 '그림자'로 비유되고 있다. '가면'이 현실적 자아의 단편적 모습이라면 '그림자'는 분리된 자아의 총체적 모습이겠다.

욕망의 탐색, 그 끝은 어디일까. 탄생과 성장의 시간에서 소멸의 시간 축으로 삶이 이동해가면서 근원에 대한 욕망은 더욱 강렬해진다. 뫼비우스의 띠처럼 죽음과 삶이 맞물려 욕망을 충동하기 때문이다. 「고향의 고향」, 「서늘한 기억의 집」은 존재의 근원에 대한 탐구다. 태초의 고향은 우물 단지, 동굴, 보름달로 형상화하면서 결국 어머니의 자궁에 이른다. 종종 산(山)—얼마나 많은 산이 호명되는지—이 실재적, 상징적 어머니가 되기도 한다. 「배꼽이다」는 욕망의 종착지를 극명하게 선언한다. 배꼽은 어머니와 나의 인연의 끈이며, 존재의 구멍이며, 우주의 중심이다. "어머니의 젖 냄새, 살 냄새"가 그리운 시인은 근원으로의 회귀를 꿈꾼다.

자화상 3 : 날개-꿈

내가 찾는 꿈이었나 봐
몸 사뿐히 내려앉은 나비 한 마리

어둠 속에서도 무섭지가 않나 봐

그만큼만 날고 싶어 훨훨

파란 바다 위를 날아도

어린 날갯짓이 무섭지도 않나 봐

내가 찾는 꿈 날개를 훔치는 것

내가 찾고 있는 꿈이었나 봐

날고 싶어 훨훨

꿈이 날아가도 무섭지 않나 봐

그만큼만 날고 싶어 훨훨

내가 찾는 꿈 날개를 접는 것

생목숨에 붙어 있는 나비 한 마리

그만큼만 날고 싶어 훨훨

세상이 무섭지도 않나 봐

내가 찾는 꿈은

날개를 만드는 것이었나 봐

―「은빛 나비」 전문

자화상의 세 번째 국면은 삶과 시에서의 궁극의 꿈을 그리고 있다. "비워야지 털어내야지"(「자화상」), 구축하고 축적하는 세속적 욕망으로부터 벗어나 자유로운 존재로의 꿈. 그것은 죽음을 가까이 경험한 후에 더욱 강화된다. 직접 죽음의 시간을 호흡했던 「그 남자의 방」 507호 병실.

소멸과 소생의 강렬한 체험은 이후의 삶을 재조정하며, '날개-꿈'에 몰두하게 한다.

　나비, 목어, 솟대는 외형적 혹은 존재론적 '날개'를 가진 객관적 상관물이다. 목어(木魚)는 "날고 싶었던 것들에 대한 업장(業障)"(「기왓장 경문」)을 지고 있지만 "잉어의 굳비늘 지느러미 날갯짓"으로, 솟대는 "새처럼 날고 싶은 바람"(「솟대」)으로 날개를 가진 나비와 동일해진다. 시인은 구속된 존재로서 목어, 솟대와 동일시하는 동시에 나비에의, 날개-꿈에 동참하는 것이다. 「은빛 나비」는 동시처럼 단조로운 리듬으로 "날개를 훔치는 것"에서부터 "날개를 접는 것", "날개를 만드는 것"까지의 날개-꿈을 변주하고 있다. 시인은 비상하는 나비의 날개-꿈과 흡사한 집을 꿈꾸기도 한다. "지붕 없는 자유", "민들레 같은 집"(「집을 꿈꾸며」)을 꿈꾸는 것이다. 이 집은 곧 「자화상」 3의 "그림자 자리"와 동일하다. 소멸하기에 좋은 "그림자도 침묵하는 고요한 그곳"이다. 이성적 자아와 욕망의 자아가 "그림자 자리"에 자리를 내어준다. 모든 분별심이 사라지고 고요한 소멸의 장소에는 아름다움("아름다움이 여여란다"―「여여(如如)하신가」)만이 남으리라.

　　엎질러진 감잣국이 생각나는 도톰한 저녁이다
　　대파 껍질 우려낸 어머니의 아릿한 손맛

해거름 노을처럼 어슷어슷 썰고

평상 밑으로 기어드는 해넘이 긴 하루를 배웅하며

반달 썰어 허기 담고

일렁이는 어머니의 흰 머리카락

연기처럼 샐쭉하다

토닥이는 잉걸불 희디흰 여름밤을 사위고

잔별들 소곤소곤 속삭임

찰랑찰랑 어둠이 모여드는 그곳,

반딧불은 포물선을 그리며 어둠을 유유히 날고 있다

구수하게 눈물 우려낸

어머니의 감잣국 맛에 스르르 잠들면

아롱아롱 깊어만 가는 여름밤의 물빛 추억

새벽이슬처럼 또렷하다

감잣국 안주에 술맛이 살찬 서러움은

아마, 어머니의 마른 허기일 터

― 「감잣국」 전문

 김형출 시인의 자화상은 위에서 살펴본 바와 같이 삶과 우주의 원리를 종합하고 분석하는 이성적 자아와 근원으로의 회귀를 욕망하는 자아, 모든 분별심 너머의 자유를 꿈꾸는 자아를 보여준다. 세 국면의 자아는 분명하게 분리되거나 순차적이지 않다. 시인의 내부에서 끊임없이 갈등하며 충동하는 힘이다. 시는 세 국면의 자아에 커다란 영향을 받는데, 이성적 자아와 소멸을 꿈꾸는 고요한 자아가 시를 끌어갈 때는 관념적이거나 피상적 세계에 머물곤 한다. 구체적인 경험일지라도 평면적 설명이나 심정의 토로이기 쉽다. 그러나 근원 회귀를 꿈꾸는 자아가 어머니를 노래할 때는 우리에게 색다른 감각을 환기한다.

「감잣국」은 어린 시절의 여름밤, 어머니가 끓여준 감잣국에 대한 회상이다. 특별할 것 없는 여름밤의 묘사와, 어머니와 음식에 대한 추억이다. 그런데 무엇이 이 평범한 언술로 하여 시가 되게 하는가. "도톰한 저녁이다"에 답이 있다. "도톰한 저녁"은 "엎질러진 감잣국"이라는 사적인 기억과 두툼한 감자 조각, 어머니의 눈물이 한데 엉겨, 현재의 여름밤에 지속적으로 불리어온다. "어머니의 아릿한 손맛"과 "어머니의 마른 허기"를 맛보는 시인에게 밤은 서럽게 도톰해오는 것이다. "도톰한 저녁"은 깊은 우물과도 같이 어둠 속에 차오르는 개별적—시인으로부터 독자에게 건네진—분위기를 반향한다.

시인은 "아직 거뜬하고 물컹"(「수상(手相)」)한 진흙덩이다. 하나의 틀에 갇히지 않고 거센 화염 속에서도 살아남는 붉은 얼굴을 빚기를 바란다.

문학의전당 시인선 151

낮달의 기원

ⓒ 김형출

초판 1쇄 인쇄	2013년 3월 29일
초판 1쇄 발행	2013년 4월 10일
지은이	김형출
펴낸이	김석봉
책임편집	이현호
디자인	조동욱
펴낸곳	문학의전당
출판등록	제311-2012-000043호
주소	서울시 은평구 연서로11길 7-5 401호
편집실	서울시 마포구 공덕2동 404 풍림VIP빌딩 413호
전화	02-852-1977
팩스	02-852-1978
블로그	http://blog.naver.com/mhjd2003
전자우편	sbpoem@hanmail.net

ISBN 978-89-98096-25-0 03810

*이 책의 판권은 지은이와 문학의전당에 있습니다.
*양측의 서면 동의 없는 무단 전재 및 복제를 금합니다.
*잘못 만들어진 책은 바꿔드립니다.